MICHAEL J. CABERLETTI

INSTAGRAM

INFLUENCER REVOLUTION

SUMMER 2019

COME AUMENTARE FOLLOWERS,

INTERAZIONI E MONETIZZARE IL PROPRIO PROFILO

AGGIORNAMENTO GIUGNO 2019

GUIDA STRATEGICA

Copyright © 2019 Michael J. Caberletti
Tutti i diritti riservati.

Codice ISBN: 9781790814183

*L'ingrediente critico è muovere il culo e fare qualcosa. E' così semplice. In tanti hanno idee, ma ci sono pochissimi che decidono di metterle in pratica **ORA**. Non domani. Non settimana prossima. **MA ora**. Il vero imprenditore è uno che fa, non un sognatore.-* **Nolan Bushnell**

INDICE

INTRODUZIONE **7**

COSA E' UN INFLUENCER **9**

COSA E' INSTAGRAM **12**

QUALI PROFILI SONO ADATTI **20**

L'ENGAGEMENT RATE DI UN PROFILO INSTAGRAM **22**

CREAZIONE DEL PROFILO **38**

PRIMI POST **44**

SCELTA DEGLI HASHTAG **47**

OGNI QUANTO TEMPO PUBBLICARE **55**

AUMENTARE I FOLLOWERS **58**

MONETIZZARE CON LE AFFILIAZIONI **83**

DIVENTARE INFLUENCER **95**

ALTRI METODI DI MONETIZZAZIONE **99**

CONCLUSIONI **102**

Caro lettore,

questo manuale ha la pretesa di aprire una finestra su qualcosa a cui non avevi mai pensato concretamente, ad un'opportunità che non avevi mai preso in considerazione: sfruttare il mondo digitale per creare il tuo futuro, la tua fonte di rendita, perché è esattamente quella la direzione che la nostra società ha intrapreso, e possiamo solo adeguarci di conseguenza.

Il mercato del lavoro che hanno conosciuto i nostri nonni, i nostri genitori è ormai morto. E' andato avanti, e ci troviamo costretti ad inventarci un lavoro creando da soli quelle opportunità che, correttamente monetizzate, ci consentono di vivere e affrontare quel futuro che tanto ci spaventa e le sue milioni di nuove sfaccettature.

Il lavoro fisso, ottenuto dopo anni di duro studio, gavette e curriculum inviati sta scomparendo, perché tutto si sta automatizzando e ci sono sempre più macchine ed algoritmi in grado di svolgere i più disparati lavori meglio di noi.

Molte persone hanno delle competenze incommensurabili, ma non sono in grado di adeguarsi a questo nuovo mercato che con facile crudeltà spezza i nostri sogni, speranze e certezze.

E' un'utopia continuare a sperare che un giorno qualcuno bussi alla nostra porta offrendoci il lavoro dei nostri sogni. Dobbiamo rimboccarci le maniche e, a qualunque età, avere la forza di metterci in gioco e sfruttare il potenziale di questo fantastico "nuovo mondo" che internet ci ha messo a disposizione.

Non scoraggiarti, ci vuole tempo per far funzionare le cose, ma non smettere mai di cercare, di capire, di credere e di provare cose nuove;non puoi sapere dove ti porteranno le nuove opportunità che ti sto mettendo davanti agli occhi, quindi raccogli tutto il tuo coraggio e buttati perché solo tu puoi prendere tra le mani la tua vita e creare il tuo futuro.

INTRODUZIONE

Tra le varie possibilità che il mondo digitale ci mette a disposizione, c'è una realtà che sta prendendo sempre più piede: lavorare on line sui social network. I primi passi in questo nuovo settore lavorativo sono stati mossi più' per gioco che con l'intento di creare una realtà alternativa al comune e conosciuto concetto di lavoro. Oggi, questo "gioco" si è trasformato in una realtà concreta, che sta facendo emergere figure professionali che concentrano la loro attenzione e i loro guadagni in questo settore. Sto parlando degli influencer, persone che delle loro passioni ne hanno fatto un lavoro sfruttando in maniera impareggiabile l'enorme potenziale del mondo digital. E' da loro che vogliamo trarre ispirazione per costruirci anche noi la nostra identità lavorativa digitale, ed è questo concetto di business che voglio farvi conoscere con questo manuale.

COSA E' UN INFLUENCER

Un influencer è una persona con spiccate doti comunicative, una buona reputazione e considerevoli competenze in uno o più settori, che grazie al notevole seguito che riesce a crearsi sui social network, è in grado di influenzare i propri followers e le loro scelte commerciali.

Ed è questo il principale motivo per cui, oggigiorno, le aziende di ogni settore si appoggiano a questa nuova figura per la promozione di brand, prodotti, servizi ed iniziative commerciali, ed è anche il perché i loro compensi raggiungono cifre talvolta esorbitanti.

I principali canali che gli influencer utilizzano sono le note piattaforme social media di Facebook ed Instagram, ma anche Blog, YouTube, Twitter ed altre applicazioni più o meno note come SnapChat, Pinterest, etc.

Tra tutti quelli sopra citati, Instagram è, attualmente, il "posto dove stare", quello che ha la crescita più alta, ma soprattutto è la piattaforma nella quale acquisire dei followers è ancora fattibile, quasi a costo zero, al pari di YouTube, ma con la grande differenza che è possibile in modo molto più veloce. Oggi, a differenza di Instagram e YouTube, aprire una pagina su Facebook e farla crescere organicamente (senza investire in pubblicità a pagamento) è diventata una strada quasi impraticabile.

Ed è per questo motivo che ci concentreremo su Instagram, dove con un po di attenzione ai contenuti e qualche semplice trucchetto è possibile iniziare a sperimentare e, col tempo, provare a crearci la nostra identità digitale.

Resta inteso che in seguito nulla ti vieta di sconfinare negli altri social, anzi, è la cosa migliore da fare perchè *essere ovunque* ti da maggiore visibilità e maggiori possibilità di crescita e quindi di monetizzazione, che è lo scopo principale di questo manuale.

COSA E' INSTAGRAM

Instagram è un social network principalmente basato sulle immagini. Consente di scattare foto, registrare video, applicare filtri e condividere in rete le proprie creazioni.

L'applicazione, sviluppata da Kevin Systrom e Mike Krieger, è stata lanciata per la prima volta sul web il 6 ottobre 2010. Progettata, inizialmente, solo per i dispositivi iOS, viene in seguito resa compatibile anche per quelli Android. Nel 2012, l'azienda, è stata comprata i da Facebook inc. per 1 miliardo di dollari.

Possiamo, sicuramente, definire Instagram come il social network del momento. Facebook, seppur riesca ancora a mantenere il primato in relazione al numero di iscritti, ha registrato un imponente flessione nella crescita, soprattutto degli utenti appartenenti alla fascia di età più bassa (18-24 anni), a favore di Instagram che continua la sua inesorabile crescita conquistando fasce di età sempre maggiori.

Gli utenti Instagram, (dati di settembre 2018), hanno raggiunto quota 19 Milioni in Italia, contro i 31 Milioni di Facebook, con una tendenza alla crescita, in favore di Instagram, di +5 Milioni di iscritti, solo nell'ultimo anno. Praticamente un terzo della popolazione italiana è su Instagram mentre la metà è su Facebook. Questi dati parlano chiaro sul potenziale delle due piattaforme in termini di interesse da parte delle aziende. Mentre nel mondo l numeri sono da capogiro, oltre 700 milioni di utenti attivi mensilmente e 95 milioni di contenuti (foto e video) che vengono pubblicati ogni singolo giorno (dati primavera 2019).

Il principale motivo che spinge le aziende produttrici a promuovere i propri prodotti su un social network come Instagram o Facebook è sicuramente quello che viene chiamato **targettizzazione** del potenziale cliente; ed è su questo concetto che i social media e la figura dell' influencer in particolare diventano i veri protagonisti.

Ma cosa si intende per targetizzazione? Supponiamo di essere un'azienda che vende integratori per il fitness; utilizzando i social media, e nel dettaglio quel determinato influencer che focalizza l'attenzione sulla sua passione per l'attività fisica, possiamo promuovere i nostri prodotti ad una ristretta fascia di persone che ha come interesse il fitness, la palestra, lo sport, e che quindi segue coloro che pubblicano post su quell'argomento. Con questa tecnica possiamo massimizzare, in termini di guadagno, il prodotto che vogliamo pubblicizzare senza sprecare risorse nel lanciare un messaggio promozionale a milioni di persone a cui non importa nulla di integratori. Opposto a questo concetto troviamo la pubblicità utilizzata dai media tradizionali, tv e radio in primis, dove si "spara" un messaggio sulla folla sperando che qualcuno lo recepisca. La percentuale di successo è sicuramente limitata, e la spesa pubblicitaria molto più cospicua.

Abbiamo parlato di Instagram come piattaforma di social network e di influencer come figura centrale di promotore.

Ma quanto guadagna realmente un influencer su Instagram? Difficile fare stime precise. Tralasciando le top star con oltre 100 milioni di followers che guadagnano diverse centinaia di migliaia di dollari per ogni post, e che hanno una popolarità nata al di fuori di instagram (Selena Gomez, Cristiano Ronaldo etc.), i più pagati in assoluto, come influencer puri, sfiorano i 20.000 dollari a post pubblicato.

Huda Katten, ad esempio, con i suoi oltre 25 milioni di follower su Instagram, arriva a guadagnare 18.000 dollari per ogni post che compare nella sua bacheca; questo secondo i dati forniti da **blogmeter** (società specializzata nel fornire soluzioni di social media monitoring e analytics) e aggiornati al 2018.

Cameron Dallas, con 21 milioni di follower arriva a guadagnare 17.000 dollari per ogni post pubblicato sulla sua pagina.

Chiara Ferragni, la più pagata tra gli italiani, al sesto posto della classifica mondiale, guadagnerebbe fino a 12.000 dollari per un post nella sua pagina con oltre 13 milioni di followers.

Ok,a questo punto voglio diventare influencer. Dove si firma?

Calma. Per diventare influencer serve dedizione, impegno, sacrificio e anni di lavoro, e...un pizzico di fortuna. Ma per arrivare ai massimi livelli serve anche un piano marketing, un piano editoriale, un piano di personal branding, etc.

Non occorre, però, arrivare a quei livelli per guadagnare qualcosa, puoi partire con poco e con un po di impegno e di fortuna puoi riuscire a costruire il tuo business.

Secondo una ricerca, risalente al 2016, del magazine *Marie Claire* UK, un mini influencer con un numero di followers compreso tra 1000 e 5000 può arrivare a guadagnare anche 4.000 sterline l'anno. È solo un semplice esempio, che non tiene conto di aspetti più specifici come tipologia di pagina e relativa nicchia, ma ti aiuta comunque a capire che le potenzialità ci sono. Questo ti fornisce un importantissimo punto su cui focalizzare l' attenzione: con qualche decina di migliaia di followers puoi iniziare sicuramente a fare sul serio, e a guadagnare veramente!

Come puoi sfruttare questo enorme potenziale per monetizzare il tuo profilo?

Ci sono varie possibilità che dipendono essenzialmente dal numero di followers, dall'argomento trattato e da altri parametri che analizzeremo in seguito.

Il primo passo prevede, ovviamente, di dare vita al profilo seguendo qualche piccola regola, al fine di massimizzare le possibilità di successo.

Vediamole nel dettaglio.

QUALI PROFILI SONO ADATTI

La cosa fondamentale per un profilo con ambizioni di monetizzazione è che abbia i *followers in target*. Profili troppo generici non sono adatti allo scopo, devono essere preferibilmente tematici.

Ad esempio, se ti occupi di viaggi avrai maggiori probabilità di collaborare con tour operator, hotels e aziende del settore ed i tuoi followers saranno sicuramente persone interessate all'argomento viaggi.

Un'altra caratteristica fondamentale per avere un profilo monetizzabile è la qualità delle foto. Instagram è un social network visuale che al 90% si basa sulle foto e, più recentemente, sui video; quindi la qualità, l'originalità e la ricercatezza delle foto sono parametri assolutamente indispensabili.

Ma avere dei follower in target e un profilo ben curato con contenuti di qualità, mette in luce un altro criterio fondamentale valutato dalle aziende per iniziare una collaborazione: l'***engagement rate*** , che riveste un'importanza ancora maggiore del numero dei followers che si possiede.

L'ENGAGEMENT RATE DI UN PROFILO INSTAGRAM

L'engagement è per definizione il rapporto che intercorre tra numero di follower ed il numero di interazioni (like e commenti) sui contenuti pubblicati.

Vediamo un caso pratico per chiarire meglio. Supponiamo di avere di fronte due profili Instagram A e B, che trattano lo stesso argomento: cosmetici, prodotti di bellezza e igiene personale.

- Profilo A 100.000 follower
- Profilo B 10.000 follower

Il profilo A pubblica decine di foto al giorno di qualità variabile e ottiene mediamente 200 like per ogni contenuto.

Il Profilo B pubblica una foto al giorno di ottima qualità e ottiene mediamente 500 like per ogni foto.

Esistono vari metodi per calcolare l'engagement di un post o l'engagement-rate di un profilo instagram. Per non trasformare questa guida in un manuale di calcolo teorico, serviamoci di una delle più semplici giusto per chiarire di cosa stiamo parlando:

Engagement = [(n like + n commenti) / n followers] x 100

Applichiamo questa formula ai nostri profili A e B.

Nello specifico, esaminiamo l'ultimo contenuto pubblicato dal profilo A: una foto che ha ottenuto 212 like e 10 commenti.

[(212+10)/ 100.000] x 100 = 0.22%

L'ultimo contenuto del profilo B,invece, ha ottenuto 518 like e 35 commenti:

[(518+35)/ 10.000] x 100 = 5,53%

Questi due risultati sono l'engagement relativo al singolo post. Ma ti ho parlato anche di *engagement-rate* del profilo, che è un dato estremamente importante se vuoi considerare l'andamento del tuo profilo nel tempo. Basta applicare la formula, ad esempio, per le ultime 10 foto pubblicate e calcolare la media dei risultati ottenuti.

Per non impazzire dietro questi calcoli il web ci viene incontro. Esistono infatti dei siervizi online che fanno tutto questo per noi, in automatico, prendendo in considerazione anche dei parametri non inclusi nella formula di esempio che abbiamo visto, ma che possono essere importanti per un'azienda che si sta interessando al nostro profilo.

Uno dei siti, funzionante al momento della stesura di questo manuale, e del quale mi sono spesso servito, è:

https://phlanx.com/engagement-calculator

Il suo funzionamento è semplice: basta inserire l'username del profilo che vuoi analizzare e avviare la ricerca; dopo qualche istante ti comparirà il risultato con l'engagement rate del profilo preso in esame.

Servizi simili, sono offerti da svariati siti che puoi facilmente trovare con una semplice ricerca su Google.

Ma torniamo ai nostri profili-esempio: dati alla mano, il profilo B, nonostante abbia un decimo dei follower del profilo A risulterebbe molto più appetibile per una eventuale collaborazione con una azienda.

Mediamente l'engagement sui post di Instagram varia dal 3% al 6%, quindi il post del profilo B ha ottenuto un ottimo risultato, mentre il profilo A ha ottenuto un engagement pessimo e difficilmente verrà preso in considerazione per un'eventuale collaborazione.

Più in generale se il valore di engagement scende sotto il 3% bisogna iniziare a preoccuparsi. Vuol dire che sta calando la partecipazione e l'interesse verso i contenuti pubblicati, questo può indicare che sta calando la qualità dei post oppure si stanno postando contenuti che non sono in tema con il profilo e quindi hanno un grado di coinvolgimento minore per I followers. E' opportuno, in tal caso, fare le dovute considerazioni e trovare il problema così da poterlo risolvere.

Questo parametro, per renderlo davvero utile a livello statistico, va preso in considerazione solo dopo che si hanno diverse migliaia di followers, l'ideale è quando si superano i 10.000, perchè all'inizio è facile avere un engagement rate alto.

Ma come si fa a ottenere un Engagement rate alto?
Ti ho fatto vedere, negli esempi precedenti, la differenza tra il profilo A, che pubblica decine di contenuti al giorno di scarsa qualità, ed il profilo B, che si concentra in un unico contenuto ma di qualità. Con l'engagement rate hai invece capito che i punti focali sono:

- Qualità e originalità del contenuto
- Followers in target

Ma un altro fattore da tenere in considerazione è l'EdgeRank. Cos'è esattamente l'EdgeRank? E' un algoritmo che, tenendo conto di vari parametri, è in grado di assegnare un punteggio "di pertinenza" a tutti i post che vengono pubblicati dai profili che seguiamo. Poiché è impossibile visualizzare tutto ciò che ogni singola pagina pubblica, quello che ci appare sulla nostra time line, ogni volta che apriamo Instagram, sono quei post che hanno ottenuto i punteggi più alti dall' EdgeRank e che quindi incontrano maggiormente I nostri interessi. Questa selezione fa sì che, nel tempo, verranno mostrati solo i contenuti di maggiore qualità e affinità verso il nostro profilo. Lo scopo degli sviluppatori delle piattaforme social è quello di avvicinarsi quanto più possibile ai gusti di ogni singolo utente perciò l'algoritmo è in continua evoluzione.

Alla luce di ciò puoi dedurre l'importanza di avere dei contenuti che generano molte interazioni. In poche parole più interazioni ottieni su un post più aumenta la possibilità che sia visualizzato a più persone e quindi aumentano esponenzialmente le tue possibilità di crescita.

Per assicurarti un ottimo engagement rate del profilo, ti ho accennato che è necessario avere un profilo tematico con followers in target. Questo perché i profili generici sono un contenitore eterogeneo di seguaci con diversi interessi che difficilmente riuscirai a coinvolgere con le tematiche di un singolo post.

Ci tengo a sottolineare questo aspetto perchè sconsiglio assolutamente di rivolgerti ad uno dei numerosi servizi di acquisto followers che si trovano in giro. Puoi ottenere sicuramente dei follower, ma nella migliore delle ipotesi non avranno nessun interesse in quello che pubblichi, nella peggiore delle ipotesi si tratta di profili finti totalmente inattivi e otterrai come unico risultato quello di far precipitare l'engagement rate del tuo profilo e con esso qualunque possibilità di monetizzazione.

Ti illustrerò in seguito le varie tecniche per avere dei follower perfettamente in target a costo zero o quasi.

Creare un profilo e iniziare a postare contenuti a caso e cercare di trovare followers in tutti i modi possibili e immaginabili e sperare nel *poi si vedrà* non è la miglior tattica che puoi usare per iniziare a monetizzare con Instagram.

E' necessario,quindi, pianificare una strategia. Puoi partire con la scelta di un argomento che faccia da filo conduttore a tutti i contenuti che pensi di pubblicare in futuro, una nicchia tematica, insomma, che ti garantisca argomenti e spunti per i contenuti e che sia abbastanza grande da suscitare interesse, ma che non sia troppo generica precludendo la possibilità di farti notare e distinguere dai competitors.

Se, ad esempio, vuoi creare una pagina di moda, l'argomento di per se è troppo vasto e generico, ed è facile perdersi nella marea di altri profili con lo stesso argomento. Meglio quindi che ti concentri su una categoria più piccola; potresti , ad esempio, raccontare di borse e accessori o potresti occuparti di scarpe, ma anche argomenti ancora più specifici.

Una volta scelto l'ambito di interesse, il passo successivo è quello di dare uno sguardo ai competitors e fare una ricerca dei profili simili a quello che vuoi creare.

Questo ti servirà essenzialmente per:

- Vedere se l'argomento scelto è abbastanza interessante per il pubblico di Instagram. Se i risultati ottenuti ci dicono che ci sono pochi profili, con pochi follower e poche interazioni con i post pubblicati, molto probabilmente di quell'argomento non importa niente a nessuno, meglio quindi focalizzarsi su altro.
- Se invece le ricerche portano dei riscontri positivi

sull'argomento di valutazione, i profili individuati serviranno come contenitore in cui trovare i futuri followers! Ma su questo ci concentreremo in seguito.

Ovviamente, per essere un argomento profittevole, dal punto di vista economico, è necessario che ci siano, in quella nicchia tematica, dei prodotti in vendita e delle aziende che operano in quel settore. Il prodotto può essere qualunque cosa, un oggetto fisico, un libro, un servizio, un ebook, un videocorso, un manuale come questo, l'importante è che ci sia mercato e che il prodotto sia facilmente vendibile.

Da quanto detto fino a qui puoi facilmente capire l'importanza di avere il maggior numero possibile di *followers in target*! perché saranno utenti davvero interessati all'argomento principale della tua pagina e tenderanno a fidelizzarsi e a interagire sempre di più.

Un altro modo per aumentare interazioni e coinvolgimento del pubblico è l'uso delle **Stories**. Ma cosa sono esattamente?

Le stories sono dei contenuti effimeri della durata di Massimo 15 secondi che vengono pubblicati e spariscono dopo 24 ore. Nate su SnapChat sono state introdotte anche su Instagram che ne ha decretato il successo. L'uso delle stories ha avuto una crescita esponenziale negli ultimi due anni; i dati ufficiali parlano di oltre 300 milioni di utenti attivi al giorno alla fine del 2017.

Il Bello delle stories è che sono personalizzabili in un'infinità di modi: si possono inserire sondaggi, domande, scritte, disegni, animazioni, stickers, musica di sottofondo, video ecc. Possono essere usate per raccontare qualcosa di interessante che non è strettamente a tema con il profilo, senza sporcarlo, oppure si possono usare per raccontare un backstage di un servizio fotografico, ad esempio,o per dirigere traffico verso l'esterno (il tuo blog o il tuo sito).

Un altro vantaggio è che se ne possono pubblicare anche parecchie al giorno senza mai risultare troppo pesanti perché vengono visualizzate solo su richiesta e quindi chi ci clicca è interessato al contenuto.

In generale, il coinvolgimento dei follower che si ottiene con le stories è maggiore rispetto ad un post normale perchè con gli strumenti messi a disposizione da instagram si possono più facilmente ottenere interazioni.

L'altro notevole vantaggio delle stories è che, chi ha superato i 10.000 followers, può inserire link direttamente cliccabili facendole diventare un potente strumento di marketing (approfondiremo la questione link su Instagram in seguito).

Ottimo! Quando si inizia? Adesso!

CREAZIONE DEL PROFILO

La prima scelta che devi sicuramente fare è se creare un profilo tematico oppure uno personale. Vediamo insieme i pro ed i contro di entrambe le possibilità.

Se quello che vuoi è creare un profilo tematico, un aspetto importante da tenere in considerazione è il nome del profilo. E' fondamentale trovare un nome chiaro, semplice, che riprenda l'argomento scelto. Per farla breve, se vuoi creare una pagina che tratta l'argomento Tech, chiamarla "batuffolo82", servirebbe solo a creare confusione e gran parte dei potenziali follower andrebbero via ancora prima di entrarci.

Un profilo tematico che si rispetti ha anche bisogno di un logo. Esso dovrà essere ad effetto e ben curato nei dettagli, così da catturare un interesse maggiore rispetto ad una foto o una scritta messa a caso. Se non hai dimestichezza con Photoshop, Illustrator o simili puoi utilizzare servizi online, come *Fiverr,* che consentono di commissionare a dei professionisti del settore, per pochissimi dollari (5 $), la realizzazione di un logo ad hoc.

Se invece hai scelto di creare un profilo personale il tuo brand sarà il tuo nome, e il logo la tua faccia!

Decidere se fare un profilo tematico o un profilo personale dipende dall'argomento che vuoi trattare, da quanta visibilità vuoi raggiungere e da quanto ti vuoi mettere in gioco. Sicuramente una pagina tematica è più facile da far cresce all'inizio rispetto ad un profilo personale che per crescere ha bisogno di una spinta maggiore.

Se vuoi puntare su un profilo personale, un consiglio è di incentrare comunque l'attenzione su un argomento, o al massimo un paio di argomenti comunque correlati, altrimenti rischi di avere un contenitore di follower, e quindi di potenziali clienti, inutilizzabile ai fini della monetizzazione.

Altra scelta che devi fare è la lingua da utilizzare nei post; se parli bene inglese e il tuo argomento è "mondiale" avresti un potenziale pubblico molto più grande di quello che avresti pubblicando in italiano. Perciò valuta bene il tuo grado di conoscenza dell'inglese e valuta se usarlo o meno come lingua principale.

Ultimo punto su cui devi focalizzare l'attenzione è la biografia: poche e semplici righe dove spieghi chi sei e cosa fai, ma estremamente importante per invogliare le persone a seguirti. Se hai un sito internet o un blog puoi inserire l'indirizzo direttamente in descrizione, guadagnando così il doppio vantaggio di portare visitatori dal blog alla pagina Instagram (con gli opportuni tasti social da inserire sul blog) e viceversa, incrementando le visite ed i potenziali ricavi.

Infine, nelle impostazioni di instagram puoi scegliere tra **account personale** e **account business**. Questa distinzione non c'entra nulla con le tipologie di profilo che abbiamo visto in precedenza che sono legate all'organizzazione delle tematiche della pagina. Per quanto riguarda il tipo di profilo da usare, in questo caso, quello che a noi interessa è quello business. Le ragioni di questa scelta sono che l'account business ha più funzioni rispetto a quello personale. Ci consente di inserire le informazioni di contatto direttamente in biografia (email, numero di telefono e geolocalizzazione se abbiamo un business fisico), accedere alle *Instagram Ads* (la pubblicità a pagamento di Instagram) e cosa molto importante ci consente di accedere a degli *Insights* molto dettagliati.

Gli *insights* sono semplicemente le statistiche del profilo. Ad esempio, possiamo avere una statistica sulle città di provenienza dei follower, una suddivisione della fascia di età, una suddivisione del genere, gli orari di maggiore interazione con I post pubblicati ecc. Questo si rivela una fondamentale arma a nostra disposizione per controllare l'andamento del nostro profilo e per cercare di migliorarlo e ottimizzarlo se notiamo che stiamo facendo qualche errore.

Bene, dopo aver scelto l'argomento, il nome della pagina, scritto la biografia, hai ufficialmente creato il tuo profilo! e sei pronto per andare a caccia di followers!

Ma per far sì che chi visita il tuo profilo sia spinto a seguirti devi creare contenuti di qualità.

PRIMI POST

Da cosa inizio?

Bastano anche solo una decina di foto in tema con la pagina, pubblicati con i giusti **hashtag** (l'argomento verrà trattato più avanti). Non serve esagerare col numero di post: è meglio una foto di qualità che cinque di scarsa qualità, ricordalo sempre! Il profilo deve risultare pulito e coerente dal punto di vista grafico e interessante, in modo che chi lo visita sia spinto a seguirti, quindi niente foto-scritte, meme, aforismi e citazioni o cose simili prese dalla rete. E' importantissimo che I contenuti siano tuoi e originali.

Se il tuo obiettivo è monetizzare il profilo, è importante che eviti di pubblicare contenuti trash: se hai creato una pagina tematica è meglio non postare foto di quello che mangi (se non ti occupi di cucina e ricette ovviamente) ed evita anche le foto delle uscite con gli amici, nella gran parte dei casi non importa nulla a nessuno!

Diverso è il discorso se hai un profilo personale, sul quale postare qualche contenuto di quel tipo, senza abusarne e dedicando molta attenzione alla qualità della foto, è del tutto normale. Paesaggi e tramonti su Instagram attirano sempre pubblico, ma bisogna comunque ricordarsi di rimanere in tema.

Infine un occhio di riguardo va alla composizione delle foto, alla scelta delle luci, e alle inquadrature. Prova sempre a migliorare le tue foto, sia al momento dello scatto che in postproduzione. Anche semplicemente usando i filtri messi a disposizione direttamente dall'app di Instagram.

Ho delle foto di qualità. Ora cosa faccio?

SCELTA DEGLI HASHTAG

Un *hashtag* è una sorta di etichetta applicata ai contenuti digitali nel web e nei social network con la funzione di aggregatore tematico. In altre parole, un termine di ricerca preceduto dal " # " categorizza il contenuto in base a quel termine. Se vuoi pubblicare una foto del tuo nuovo iPhone XS, l'hashtag più adatto sarà #iphonexs, in questo modo tutti coloro che sono interessati a delle foto che ritraggono quel modello, riusciranno a trovare,con facilità, anche la tua; questo richiamerà più visualizzazioni, più interazioni e quindi più engagement sul tuo profilo.

L'uso di un hashtag ti consente, in pratica, di incentrare l'attenzione su quel specifico contenuto e di rimando sul tuo profilo, attirando dei potenziali followers o comunque interazioni sul contenuto stesso. Questa è la prima delle tecniche che puoi usare per aumentare i follower, soprattutto quelli realmente interessati ai tuoi contenuti.

Ma come scegliere i giusti hashtag o il giusto gruppo di hashtag? Prima di tutto è completamente inutile se non dannoso usare hashtag generici come #follow4like #followme #follow #followme #firstpost e simili, per tre semplici motivi.

Il primo è che sono hashtag con un numero di pubblicazioni enorme (centinaia di milioni di post) e quindi sarà quasi impossibile farti notare.

Il secondo motivo è che essendo generici ti porteranno follower con interessi casuali e inutili ai fini della monetizzazione.

Il terzo motivo è che molti di questi hashtag vengono considerati spam dall'algoritmo di Instagram, che quindi non visualizza il tuo post nemmeno se tra essi hai inserito degli hashtag "buoni".

Il numero massimo di hashtag inseribili in un post di Instagram è di 30, che possono diventare 60 se consideriamo la possibilità di aggiungerne altri 30 nel primo commento. Non è necessario appesantire un post con un elevato numero di hashtag, 15-20 scelti bene garantiscono dei buoni risultati.

Gli hashtag sono raggruppabili in tre categorie:

- Piccoli da 0 a 1 milione di post
- Medi da 1 milione a 5 milioni di post
- Grandi oltre i 5 milioni di post

Esistono varie teorie sulla creazione dei gruppi di hashtag, una di queste consiglia di usare in un post ⅓ di hashtag grandi, ⅓ di hashtag medi e ⅓ di hashtag piccoli.

Lo scopo, in linea generale, è facilmente intuibile: pubblicando un contenuto con un hashtag piccolo è possibile rimanere visibile sulla prima pagina per più tempo, ciò porta ad una maggiore possibilità di essere notato. Su un hashtag grande invece si rimane visibili per pochissimi istanti tra i primi post e quindi le possibilità di essere visti è molto inferiore. Ma, se si riesce a prevalere su un hashtag piccolo, l'algoritmo di Instagram identifica il contenuto come contenuto di qualità e quindi aumentano le probabilità di avere più visibilità anche in hashtag più grandi.

Per esperienza personale, senza stare troppo dietro alle teorie che molto spesso lasciano il tempo che trovano, ti posso dire che usando degli hashtag di nicchia mirati, insieme a qualcuno più grande, puoi ottenere dei buoni risultati senza mai arrivare a usarne 30 come limite massimo. Naturalmente man mano che il tuo profilo cresce è necessario affinare sempre più la strategia e fare delle prove al fine di ottimizzare la tua "macchina".

Una volta che hai trovato gli hashtag giusti da utilizzare, puoi salvarli in un file di testo sul blocco note del tuo smartphone, in modo da averli a disposizione tramite un semplice copia/incolla. Il consiglio è di creare più liste di hashtag simili, e usarli a rotazione nei post, in modo da prevenire il famigerato *Shadowban*.

Lo *shadowban* su Instagram è una particolare penalizzazione che si riceve dall'algoritmo dopo aver compiuto qualche azione non conforme con il regolamento. Si diventa praticamente invisibili ai profili che non ci seguono,perché scompare il post in questione dalla sezione hashtag. Non ci sono certezze sulle motivazioni dello shadowban, ma poiché colpisce solo la sezione hashtag può voler dire che bisogna stare attenti agli hashtag che si usano. Meglio perciò evitare gli hashtag come #follow4follow #f4f #like4like etc, che cercano di innescare uno scambio di interazioni con altri profili. Meglio anche evitare di inserire hashtag non inerenti all'argomento del post.

Per aiutarti a creare le tue liste ci sono vari servizi in rete che, partendo da una parola chiave, creano una lista di hashtag pertinenti con l'argomento. Uno di questi servizi, al momento funzionanti è *all-hashtag.com*, ma ne esistono vari della stessa tipologia, facilmente reperibili con una ricerca in rete.

Update: Dagli aggiornamenti all'algoritmo di instagram avvenuti nelle ultime settimane (Maggio 2019) risulta ancora più evidente e importante quanto avevo detto nella prima stesura di questo libro sul finire del 2018. Parlo dell'utilizzo di hashtag troppo generici. Se prima sconsigliavo di usarli per le ragioni sopra descritte, ora invece Instagram ha deciso di penalizzare pesantemente i profile che fanno largo uso di questi hashtag facendo ricadere i post sempre con più frequenza nel limbo dello shadowban. Per questo è di fondamentale importaza, ora più che mai la scelta e l'uso di soli hashtag di piccole e medie dimensioni, in ogni caso sempre pertinenti all'argomento del post.

Pubblicati i primi contenuti con i giusti hashtag, inizierai a vedere un pò di movimento sul tuo profilo.

OGNI QUANTO TEMPO PUBBLICARE

Abbiamo visto in precedenza come sia fondamentale puntare sulla qualità dei post anche a discapito della quantità. Questo è vero nella maggior parte dei casi ma ci sono molti fattori che influiscono sulla scelta del numero di contenuti da pubblicare e sostanzialmente dipendono molto anche dalle tematiche trattate. In generale ti posso consigliare di variare da 1-2 contenuti al giorno fino a 1 ogni 2 giorni. Un solo post a settimana, ad esempio, farebbe calare notevolmente l'interesse dei follower per il tuo profilo e quindi le interazioni. Al contrario, troppi contenuti, magari molto simili tra loro, annoiano molto facilmente e si ottiene lo stesso effetto negativo. Il numero giusto si stabilisce col tempo, facendo dei test con I contenuti pubblicati per valutare cosa funziona meglio.

Lo stesso discorso vale per l'orario di pubblicazione. Postare alle 15:00 non è la stessa cosa che postare alle 3:00 del mattino. Anche in questo caso, col tempo, si impara a capire quale è la finestra temporale in cui i nostri followers sono più attivi.

C'è da dire che la **reach organica** (il numero di followers a cui instagram mostra I nostri contenuti) è inesorabilmente in calo, perciò si sta assistendo ad una tendenza ad incrementare il numero dei post giornalieri con lo scopo di tentare di ottenere più visibilità. Ci sono casi di brand che pubblicano contenuti ogni ora, ogni mezz'ora con buoni risultati. Il rischio però è la mancanza di originalità e la perdita di interesse da parte del pubblico.

La reach organica in continuo calo porterà, così come già avvenuto su Facebook da tempo, ad una difficoltà sempre maggiore ad ottenere visibilità. Su Instagram è ancora possibile essere visibili e crescere velocemente, ma se hai dei progetti in mente il momento migliore per agire è ORA, perchè tra qualche mese potrebbe già essere tutto cambiato.

Bene, è ora di crescere!

AUMENTARE I FOLLOWERS

Arriviamo ora ad una parte fondamentale di questo manuale.. Come aumentare i follower?

Hai creato il tuo bel profilo con contenuti originali e di qualità, non ti resta altro che andare a prenderti i tuoi follower usando varie tecniche.

In questa fase ti dovrebbe essere chiaro che sono assolutamente da evitare i servizi di acquisto follower, perché non solo non ti portano benefici, ma addirittura possono risultare dannosi.

La cosa migliore che puoi fare è provare tutte le varie tecniche disponibili e capire quella che lavora meglio con il tuo target.

La prima tecnica, che è una delle più usate vista la semplicità e i risultati praticamenti sicuri, è quella del *follow/unfollow*. Ricordi quando in precedenza abbiamo parlato di visitare i profili dei principali competitors? Si? Nello specifico, quello che devi fare, è andare a seguire le persone che seguono i profili che avevi scelto come riferimento all'inizio.

Se hai creato una pagina in tema viaggi, il tuo riferimento saranno I profili già affermati che trattano l'argomento viaggi, così facendo sei sicuro che i follower che seguono quelle pagine sono interessati anche al tuo argomento, che è lo stesso.

Statisticamente, una percentuale di persone che riceve il follow ricambia con il proprio follow, ed ecco che la tua pagina inizierà a crescere. La percentuale di persone che ricambia il follow varia in base all'argomento trattato. Mediamente, si parte da un 5-10% fino ad arrivare anche al 30-40% in alcuni casi. Ciò vuol dire, ad esempio, che ogni cento persone seguite avremo da 5-10 fino a 30-40 persone che ricambiano.

Poichè c'è un limite di persone che Instagram ti consente di seguire(attualmente 7500),ogni tanto dovrai fare "pulizia", smettendo di seguire coloro che avevi iniziato a seguire in precedenza. Tutto ciò ti porta anche un altro vantaggio: un profilo con molti follower e pochi follow risulta più attraente agli occhi di chi lo visita.

Questa tecnica funziona anche con profili completamente privi di contenuti: si riescono a ottenere diverse centinaia di follower in pochissimi giorni pur avendo un profilo completamente vuoto. Naturalmente la presenza di contenuti di qualità aumenta la possibilità di ottenere il ricambio del follow e aumenta anche la probabilità che i follower inizino ad arrivare organicamente senza che si debba andare a cercarli in altri profili.

Il bello del follow/unfollow è che i follower ottenuti sono davvero interessati al tuo profilo, ti seguono volontariamente e sono perfettamente in target. Quindi sono tutti ottimi potenziali clienti a cui puoi tentare di vendere qualcosa!

Un'altra tecnica, molto in voga, è quella di lasciare **like e commenti** a dei post di sconosciuti. Anche in questo caso una percentuale di chi riceve un commento oppure un like, visiterà il tuo profilo, e magari inizierà a seguirti, o lascerà like e commenti a sua volta, sotto i tuoi post.

I post da prendere in considerazione per applicare questa tecnica li puoi trovare facendo una ricerca per hashtag pertinenti con l'argomento principale che tratti nel tuo profilo.

Se metti like o commenti ad un post di un profilo affermato con centinaia di migliaia di follower difficilmente verrai ricambiato, ma può essere utile comunque per farti notare dai followers di quel profilo, che spinti dalla curiosità, potrebbero decidere di entrare nel tuo profilo per vedere *"di che si tratta "* e quindi iniziare a seguirti.

Altra tecnica che si usa di frequente è l'invio di Direct Message allo scopo di farsi notare o chiedere spudoratamente il follow, pratica che sconsiglio perchè oltre che essere fastidiosa, viene interpretata come spam nella maggior parte dei casi.

Devi , però, tenere in considerazione una cosa fondamentale. Queste pratiche non sono ben viste da Instagram, che ha deciso di inserire dei limiti all'attività di follow/unfollow e like/commenti, ed in generale ad ogni azione che si esegue sui profili altrui. Nel caso non rispettassi i parametri imposti, rischi il ban temporaneo o definitivo. Potresti essere bloccato per qualche giorno, fino ad arrivare al ban definitivo se prosegui con continue violazioni a questi limiti.

Ma quali sono questi limiti?

I limiti imposti da Instagram servono a proteggere e migliorare la permanenza dei suoi utenti nel social network. Nascono per limitare il più possibile l'utilizzo di software esterni e bot che automatizzano le azioni di follow, unfollow, like e commenti.

Non esiste certezza su quali siano esattamente questi limiti, attualmente, nel momento della prima stesura di questo manuale (dicembre 2018), puoi seguire queste semplici regole:

Se hai appena creato il profilo devi compiere non più di 300 azioni di follow/unfollow al giorno aumentando di 50 ogni settimana fino ad arrivare a 800-900 azioni al giorno nel giro di qualche settimana, indicativamente fino a un massimo 35-40 azioni all'ora.

Per profili con una certa anzianità (2-3 mesi) puoi lavorare stabilmente sulle 40 azioni all'ora (960 al giorno) senza particolari problemi e senza rischiare il blocco del profilo.

Per il numero massimo di like da usare puoi riferirti a questo:

N azioni di follow/unfollow x 1,5

Ad esempio se oggi hai iniziato a seguire 600 persone, il numero di like massimo che puoi lasciare è:

600 x 1.5 = 900

Il consiglio comunque è di stare ragionevolmente sotto questa soglia.

Per quanto riguarda il numero dei commenti che è possibile lasciare, non dovresti andare mai oltre i 200-250 giornalieri. Particolare attenzione devi metterla nel contenuto dei commenti affinchè non vengano visti come spam oppure come troppo invasivi. Meglio scrivere dei commenti semplici, spontanei e attinenti al post; è sconsigliato, in questa fase, l'utilizzo del copia/incolla.

Attenendosi a queste semplici indicazioni non dovresti incorrere in nessuna limitazione del profilo o nel ban, salvo cambiamenti dell'algoritmo di Instagram che viene periodicamente aggiornato; è fondamentale,quindi, che ti aggiorni ogni tanto su questi limiti sfruttando Google.

Non vale la pena rischiare di perdere tutto il lavoro fatto fino a questo punto per qualche follower in più al giorno.

Update: stando sempre agli ultimi aggiornamenti all'algoritmo di Maggio 2019 consiglio fortemente di attestarsi molto più in basso nel numero di azioni consigliate nelle righe precedenti. Allo stato attuale infatti, instagram ha iniziato una politica di pulizia di profili fake e profili che fanno largo uso di bot e automazioni (di cui parlerò più avanti). Attualmente e per qualche mese, quindi per tutta l'estate 2019 consiglio di attestarsi sulle 6.000/7.000 interazioni mensili; cioè circa 200 interazioni al giorno.Nelle prossime settimane si inizierà a capire meglio come sta lavorando attualmente l'algoritmo e questi limiti potranno essere rivisti. In ogni caso consiglio sempre una ricerca periodica su Google per verificare se ci siano news a riguardo. Ricordo che, nonostante cerchi di aggiornarlo periodicamente, questo libro non può tenere traccia di ogni singola variazione all'algoritmo, consiglio quindi sempre di mantenere aggiornati i dati e le informazioni che fornisco attraverso una ricerca su Google.

Per chi acquista la versione cartacea di questo libro ricordo che può avere eventuali aggiornamenti gratuiti scaricando la versione digitale in modo da mantenere sempre aggiornate le informazioni per tutto il 2019. Così come chi ha acquistato la versione ebook, può mantenere aggiornate le informazioni scaricando nuovamente l'ebook gratuitamente.

Per il 2020 uscirà invece una versione completamente aggiornata e rivista che comprende anche delle tecniche avanzate che nella versione attuale sono state tralasciate.

Ma come faccio a mantenere la media delle 40 azioni di follow/unfollow ogni ora? La mia vita deve essere incentrata su instagram? Non dormirò più?

La risposta è semplice, esistono dei bot o delle app che ti aiutano in questo: mentre dormi... mentre lavori... mentre fai qualunque altra cosa. Il tempo che devi dedicarci è di solo qualche minuto al giorno per impostare correttamente le azioni, controllare i risultati e goderti la crescita del tuo profilo.

Uno dei software che svolge questo lavoro, è **Captivate for Instagram**. Si tratta di un'applicazione disponibile per iOS (recentemente è stata rilasciata anche l'app per sistemi Android) e scaricabile dall'App Store (e Play Store). La reputo una risorsa indispensabile per chi abbia una minima ambizione di crescita del profilo perchè è in grado di automatizzare oltre il 90% del lavoro che altrimenti andrebbe fatto manualmente.

La versione di prova consente di eseguire 50 azioni per testare le varie funzionalità e successivamente puoi scegliere tra la versione premium, che automatizza tutte le azioni dall'app (che va lasciata sempre aperta per funzionare, quindi bisogna avere un device dedicato allo scopo), e la versione premium con cloud che automatizza tutte le azioni sul cloud. La seconda versione è indubbiamente la miglior scelta perché consente, una volta impostate le azioni da eseguire, di chiudere l'app e "dimenticarsene" finchè il processo non viene interamente completato; la puoi, addirittura, impostare per giorni e giorni di lavoro ininterrotto senza che poi sia richiesto il tuo intervento diretto.

Le versioni premium e premium con cloud costano pochi euro, nulla in rapporto alle funzionalità offerte. Considerando anche il fatto che puoi operare su diversi account instagram contemporaneamente, io attualmente ne gestisco 6 con la versione premium con cloud, questo piccolo investimento è più che vantaggioso.

Una delle funzioni più utili di Captivate for Instagram, è quella che ti consente di accedere ad un profilo qualsiasi e, tramite la funzione *copia followers*, iniziare a seguire tutti i follower di quel profilo. Le singole azioni vengono eseguite con intervalli di tempo casuali mantenendo la media di 40 azioni/ora (30 azioni/ora con l'ultimo aggiornamnto) e quindi entro i limiti imposti da Instagram. Puoi decidere di visualizzare solo profili con foto e, fattore molto importante,solo profili pubblici escludendo automaticamente quelli privati. I profili privati,infatti, tenderanno a ricambiare il follow molto più difficilmente, ed il follow su quei profili viene vista più come una azione invasiva, un pò come la richiesta di amicizia su facebook da parte di uno sconosciuto.

L'app ti viene in soccorso anche quando è necessario compiere le azioni di unfollow; puoi creare una *white list* di profili che segui e che non vuoi siano rimossi; puoi anche selezionare e rimuovere il follow solo dai profili che non hanno ricambiato, e che quindi non ti seguono a loro volta.

Allo stesso modo puoi automatizzare i like alle foto: basta selezionare un hashtag che vuoi seguire e impostare l'app affinché lasci i like in automatico alle foto che vengono pubblicate.

Utilizzo questa applicazione da qualche mese, e non ho mai avuto problemi di limitazioni o ban dell'account, a differenza del passato, quando mi capitava di svolgere le stesse azioni manualmente e sono incappato in ban temporanei dei profili che gestisco in più di una occasione.

Un app simile nelle funzioni esiste anche per la piattaforma Android e si chiama **Followers Assistant**. (ma, come scritto in precedenza, è stata rilasciata la versione Android di Captivate)

Devi, invece, assolutamente evitare le app di scambio/acquisto followers. Ce ne sono svariate. Funzionano in questo modo: ti iscrivi con il tuo profilo e inizi a seguire un certo numero di profili che l'app ti propone. Una volta raggiunte determinate soglie otterrai dei "gettoni" spendibili per l'acquisto di followers che inizieranno a seguirti con lo stesso meccanismo. E' vero che funzionano e aumentano il numero dei follower, ma come abbiamo visto in precedenza sono follower completamente disinteressati ai contenuti della nostra pagina, e quindi inutili o addirittura dannosi.

ATTENZIONE: per combattere l'utilizzo di app di scambio/acquisto followers, Instagram ha annunciato (dicembre 2018) che rimuoverà followers, like e commenti ottenuti mediante questa tipologia di app. Il perseverare con questa pratica porterà al ban definitivo dell'account.

Altri metodi usati per aumentare follower ed engagement sono i gruppi Telegram o gruppi Direct. Ce ne sono vari, il principio di funzionamento è semplice: ci si mette d'accordo con gli altri componenti del gruppo e si organizzano dei *rounds* in modo da scambiarsi reciprocamente like e commenti.

Usati con attenzione e parsimonia possono costituire un aiutino a far salire l'engagement dei tuoi contenuti ma, visto che nella maggior parte dei casi non si tratta di profili davvero interessati agli argomenti che proponi, il loro scopo resta unicamente quello, quindi meglio non abusarne.

Ci sono, inoltre, numerosi servizi online a pagamento che consentono di far crescere il profilo. Solitamente viene proposto un abbonamento mensile per un certo numero di follower/mese in più. Nella maggior parte dei casi è necessario consegnare a una di queste agenzie i dati d'accesso del profilo e saranno direttamente loro ad occuparsi delle strategie di crescita, ma non faranno nulla di diverso che applicare le stesse tecniche che ti ho illustrato in precedenza. In ogni caso possono comunque rivelarsi una strategia utile se non hai abbastanza tempo da dedicare al profilo per farlo crescere adeguatamente.

Ho illustrato finora le varie tecniche più usate che ti consentono di far crescere il tuo profilo con un investimento pari a zero, se non con pochi euro per l'acquisto di un applicazione.

Esistono però dei metodi più avanzati che sicuramente danno degli ottimi risultati e consentono di avere tantissimi follow e like in pochissimo tempo. *Like bombing*, *Power Like*, *Shout Out* sono tra questi. Il loro costo può essere davvero elevato, talvolta proibitivo per chi parte da zero, ma voglio comunque citarli per dovere di cronaca. Visto e considerato che questo è un manuale rivolto prevalentemente ai principianti non approfondirò l'argomento in questa sede. Ciò non toglie che in futuro tu possa prendere in considerazione queste tecniche non appena acquisirai un pò di esperienza e inizierai a capire meglio le dinamiche di Instagram.

Tra le varie tecniche avanzate esistenti voglio parlarti degli *Shout4Shout* ,perchè è l'unica che può essere applicata a costo zero. Questa consiste nell'instaurare una collaborazione con un profilo simile al tuo, sia come argomenti trattati che come numero di follower. Nei post pubblicati ci si menziona a vicenda utilizzando il simbolo" @ " seguito dal nome della pagina con cui si sta collaborando; questo porterà benefici a entrambe le pagine poiché si verificherà una sorta di scambio di interazioni tra I followers dei due profili.

Altra pratica impiegata, e che giudico completamente inutile, è l'acquisto di profili già attivi con prezzi che variano in base al numero di follower e altre caratteristiche. Nella stragrande maggioranza dei casi, quelli a basso costo, sono popolati da account fake, oppure account filippini, indiani, pakistani con i quali non riuscirai mai ad avere nessuna interazione. Diverso è invece acquistare un profilo già avviato e del quale si può valutare la qualità in base ai contenuti pubblicati o le interazioni che riceve, ma in tal caso i prezzi sono molto elevati.

Un altra tecnica comunemente usata per aumentare followers e interazioni è quella dei *Giveaway*. Consiste nell'organizzazione di mini concorsi a premi in cambio di like o condivisioni dei propri contenuti. Attenzione!!! La pratica del giveaway in Italia è strettamente regolamentata perché rientra nella normativa dei concorsi a premi ed è facilissimo cadere nell'illegalità. In primo luogo possono essere organizzati solo da soggetti iscritti nel registro delle imprese, e se il valore dell'oggetto regalato supera i 25,82€ previsti dalla legge, occorre seguire un iter burocratico molto preciso, inviando una comunicazione al ministero dello sviluppo economico e, l'estrazione del vincitore deve avvenire in presenza di un notaio. L'argomento è parecchio complesso vista la normative stringente in materia e perciò, attualmente, è una pratica che sconsiglio in territorio italiano.

Infine ti consiglio di evitare, almeno all'inizio, l'uso degli *instagram ads (la pubblicità a pagamento su Instagram)*; per esperienza personale non portano alcun beneficio quando un profilo ha pochi followers, perderesti solo dei soldi inutilmente.

Update: ribadisco maggiormente questo concetto dopo aver analizzato, negli ultimi mesi, svariati profili, soprattutto personali, che hanno fatto largo uso delle *instagram ads*. Hanno avuto un tasso di crescita bassissimo e in alcuni casi talmente basso da non distinguersi da una semplice crescita organica nonostante centinaia di euro spesi in pubblicità.

Alla luce di ciò consiglio la pubblicità a pagamento su instagram solo ad aziende che vogliano promuovere i propri prodotti o la propria attività localmente (ma per questo è comunque ancora meglio Facebook), mentre la sconsiglio assolutamente a chi vuole far crescere il proprio profilo personale o tematico che sia.

Facciamo il punto della situazione: hai il profilo, contenuti di qualità e I numeri crescono a vista d'occhio.. Dove sono i soldi??

Con calma… ora ci arriviamo.

MONETIZZARE CON LE AFFILIAZIONI

Lo scopo di tutto quello che abbiamo visto finora è essenzialmente uno: i soldi!

Se sei riuscito a raggiungere qualche migliaia di follower e vuoi cercare di guadagnare qualcosa, puoi iniziare a muoverti!

Il profilo però è ancora troppo piccolo per destare interesse in una qualche azienda; quindi per il momento metti da parte il sogno di essere pagato centinaia o migliaia di euro per pubblicare un semplice post.. Tempo al tempo!

Al momento la strada più facilmente percorribile è quella delle affiliazioni.

Capiamo meglio come funziona!

Vendere in affiliazione significa pubblicizzare sul proprio profilo un link personalizzato dell'azienda X che ci riconoscerà una percentuale o commissione su ogni vendita effettuata tramite il nostro link.

Semplice no?

Direi di si. E quale sarebbe quest'azienda X?

Conosci Amazon? Dubito risponderai di no.. anche perchè se stai leggendo questo manuale probabilmente è quella la sua provenienza.

Ecco, Amazon ha uno dei maggiori programmi di affiliazione al mondo; con esso è possibile scegliere il prodotto da proporre facendo una semplice ricerca nello sterminato catalogo Amazon. Quindi, qualunque sia la nicchia o argomento che hai scelto per il profilo, ci saranno per forza dei prodotti attinenti su Amazon da poter proporre ai tuoi follower.

Per farti un esempio pratico: su un profilo che gestisco nel campo tech/elettronica, ho avuto le mie prime commissioni dall'affiliazione con Amazon a un mese dalla creazione con circa 1.500 follower in target.

Ma quanto si guadagna con Amazon?

Con Amazon si guadagna una percentuale sul prezzo dell'oggetto venduto che parte da circa il 3% per il campo dell'elettronica, informatica, telefonia… fino al 10% per abbigliamento, accessori, orologi.

Percentuali non altissime, ma Amazon ha dei vantaggi notevoli:

Il primo è che se il nostro follower entra su Amazon dal nostro link affiliato, qualunque prodotto decida di acquistare in quella sessione ci viene riconosciuta una commissione. Facciamo un esempio: vogliamo pubblicizzare un prodotto per la pulizia della casa; il nostro follower entra e acquista anche un paio di scarpe e un collare per il cane. Quello che accade è che ci viene riconosciuta la commissione su tutti e tre gli oggetti acquistati indipendentemente dal fatto che li abbiamo pubblicizzati o meno; quindi i nostri guadagni cresceranno di conseguenza.

Il secondo motivo è che Amazon ha un tasso di conversione altissimo; è molto facile che chi entra compri qualcosa!

Il terzo vantaggio è che i pagamenti sono mensili e avvengono puntualmente. E' possibile scegliere se ricevere un bonifico bancario o dei buoni Amazon da spendere sullo stesso sito.

Per i dettagli e per iscriverti al programma di affiliazione Amazon ti rimando al seguente link https://programma-affiliazione.amazon.it/

Oltre Amazon ci sono numerose aziende che propongono prodotti in affiliazione. Un altro nome conosciuto è la banca N26 che propone l'attivazione gratuita di un conto corrente gratuito al cliente con 10 euro in omaggio. Per ogni conto richiesto dal nostro link affiliato si riceve una commissione.

Anche altri marketplace come Zalando, Ebay, Aliexpress e Gearbest hanno programmi di affiliazione.

In generale, qualunque azienda potrebbe proporre prodotti in affiliazione e spesso la cosa migliore è andare a cercarli anche se non vengono pubblicizzati apertamente.

Potresti ad esempio contattare direttamente l'azienda che ti interessa e proporre loro di lavorare in affiliazione.

Bello, no? Non avresti praticamente concorrenza se trovi il giusto prodotto.

Oltre al contatto diretto esistono delle piattaforme chiamate **Network di Affiliazione** che mettono in comunicazione i **Merchant** (le aziende) con i **Publisher** (tu). È sufficiente registrarsi ad uno di questi network e scegliere, tra i prodotti del catalogo, quello da promuovere.

Una delle più usate in italia è *Worldfilia* che garantisce buone commissioni e ottime tempistiche di pagamento. Ci si può iscrivere solo tramite invito da parte di un referal per questo puoi usare questo link nel caso volessi provare la piattaforma https://bit.ly/2QrjxIo

Esistono molti altri network di affiliazione sia italiani che esteri che puoi trovare con una semplice ricerca su Google. Assicurati principalmente di tre cose prima di investire nella promozione dei loro prodotti:

- La qualità dei prodotti. Se pubblicizzi prodotti spazzatura ne risentirà anche il tuo profilo e perderai la fiducia dei tuoi followers.

- Le commissioni; devono essere buone ed è importante conoscere in anticipo la soglia minima di pagamento e le tempistiche. Alcuni network pagano infatti anche a 6 mesi dalla maturazione della commissione.
- Affidabilità del network. Se non conosci un network in particolare fai una ricerca per trovare qualche opinione di chi ci ha già collaborato. Ti aiuta a evitare di perdere tempo e soldi con aziende poco serie.

Uno dei maggiori problemi di Instagram per quanto riguarda le affiliazioni è che non si possono inserire link direttamente cliccabili nei post.

E' possibile inserire link soltanto:

- 1 link cliccabile in biografia (vedremo come sfruttare questa possibilità)

- Nei post sponsorizzati (pagando il relativo costo a instragram)

- Nelle stories ma soltanto per profili che hanno superato i 10.000 followers.

Questo limita un pochino le possibilità di promuovere link affiliati, ma è comunque possibile fare qualcosa.

Escludendo per il momento l'ipotesi di pagare Instagram per la sponsorizzazione dei post, per il quale servono conoscenze specifiche e un po di studio per evitare di andare in perdita, rimane, se hai meno di 10.000 followers, la possibilità di sfruttare soltanto il link inseribile in biografia.

Cosa ci faccio con questo unico link?

Puoi ad esempio, promuovere un solo prodotto per volta, con relativo link in biografia, contornato da una breve descrizione; oppure puoi creare una landing page accessibile da quel link nella quale sono riportati i vari link dei prodotti che stai promuovendo. Ad esempio con il servizio gratuito disponibile a questo indirizzo https://linktr.ee/ puoi creare, molto facilmente, una mini landing page dove mettere tutti i link desiderati, accedendo al servizio con il tuo account Instagram. Il servizio crea un unico link che dovrai inserire in biografia alla voce "sito web".

Potresti anche creare un mini blog linkato sul tuo profilo Instagram con delle brevi recensioni sui prodotti che vuoi promuovere e relativi link affiliati per l'acquisto, sfruttando così il traffico generato su Instagram per deviarlo sul blog.

Come puoi vedere ci sono varie alternative.

Superati i 10.000 follower, hai la possibilità di inserire link nelle stories, e le cose si fanno un pochino più semplici e si può iniziare a pensare a delle strategie più serie.

Un consiglio pratico: molto spesso i link affiliati sono lunghi ed è necessario, pertanto, rendere il link più semplice, utilizzando dei servizi di abbreviazione link come https://bitly.com/ o https://goo.gl/

Ok, sono passati mesi, il profilo continua a crescere, ormai ho diverse decine di migliaia di followers in target che mostrano interesse per me; continuo a pubblicare contenuti di qualità e qualche euro per arrotondare è arrivato tramite le affiliazioni.

Quando farò il salto di qualità?

Molto presto.

DIVENTARE INFLUENCER

Se hai raggiunto diverse decine di migliaia di followers, hai contenuti di qualità e hai un notevole riscontro in termini di interazioni... mi stupisco come non ti abbia già contattato qualche azienda interessata ad una collaborazione!

A parte gli scherzi, quando si raggiungono certi numeri è facile venire contattati direttamente per una collaborazione. Se questo non succede la cosa migliore che puoi fare è iniziare a guardarti intorno e creare una lista dei brand con i quali desideri collaborare e contattarli uno ad uno, tramite Direct

Message su instagram, email o tramite il rispettivo sito web. L'importante è giungere al sodo, proponendo una collaborazione, senza girarci troppo intorno. L'azienda valuterà il profilo, e se lo ritiene interessante potresti iniziare a pubblicare qualche post sponsorizzato e vedere i primi veri soldi.

È importante, per rispetto e trasparenza nei confronti di chi ti segue, inserire l'hashtag *#ad, #ads* o *#sponsored* nel post, in modo da segnalare che il post è sponsorizzato. Non voglio dire che è necessario sottolineare con troppa evidenza il fatto che si sta cercando di vendere o promuovere un prodotto, ma la sincerità è un requisito apprezzato e ricercato; d'altronde c'è voluto tanto tempo, tanto lavoro e tanta fatica per conquistare la fiducia dei tuoi followers, perderla è molto piú semplice.

Se il contatto diretto non dovesse bastare esistono dei network che mettono in comunicazione aziende e influencer, alcuni esempi sono:

https://indahash.com/influencer

https://www.grapevinelogic.com/

https://buzzoole.com/

Ma ce ne sono molti altri che possono aiutarti a trovare le giuste collaborazioni.

Non esiste altro che puoi fare, non esistono trucchi o particolari procedure in questa fase. Se hai lavorato bene con la creazione e la crescita del profilo applicando le tecniche che ti ho illustrato in questa guida, diventare influencer sarà una cosa quasi automatica.

Il consiglio è comunque quello di insistere nella ricerca di un brand disposto a darti fiducia. Non abbatterti alle prime porte in faccia prese, fa parte del gioco.

ALTRI METODI DI MONETIZZAZIONE

Finora abbiamo visto le due principali forme di monetizzazione di un profilo Instagram, ma ne esistono altre che si discostano dall'argomento principale di questa guida ma dalle quali puoi prendere spunto per un eventuale approfondimento futuro. A titolo di esempio te ne cito alcuni:

- Puoi vendere le tue abilità di fotografo, grafico, webmaster, copywriter, traduttore, etc, facendo lavori su richiesta. In questo caso il tuo profilo diventa una sorta di portfolio dove mostrare le tue creazioni e farti conoscere ad un pubblico sempre maggiore.

- La figura del *Social Media Manager* è un altra delle nuove opportunità che ci mettono a disposizione i social network.Raggiungendo un alto livello di competenza con Instagram puoi gestire i profili delle aziende allo scopo di raggiungere determinati obiettivi che possono essere di crescita o di interazioni. Anche le aziende che hai intorno, dalle più grandi alle più piccole (come negozi,ristoranti,parrucchieri,etc),che non vogliono soccombere alla rivoluzione digitale, hanno bisogno di un social media manager che gestisca la loro presenza online e nello specifico sui social network.
- Se hai già un'attività, ma fai fatica a farti conoscere e a trovare

clienti, potresti usare molte delle tecniche di cui sei venuto a conoscenza con questa guida per aumentare la tua visibilità. In questo caso puoi servirti anche degli *Instagram Ads*, le pubblicità a pagamento di Instagram che ti consentono di targettizzare geograficamente i tuoi post e quindi di raggiungere un pubblico fisicamente vicino alla tua attività.

- Un altro modo per monetizzare il profilo è quello di venderlo! Se hai creato un profilo interessante e hai raggiunto dei buoni risultati in termine di crescita ed engagement dimostrabile, ma non vuoi o non puoi più seguirlo, potresti ricavare una bella cifra rivendendolo.

CONCLUSIONI

Abbiamo visto come, partendo da zero, puoi creare un profilo di qualità e, con le giuste tecniche, iniziare a farlo crescere. Seguendo i pochi semplici consigli che ti ho dato in questo manuale la monetizzazione del profilo è solo una conseguenza. Da qualche decina o centinaia di euro per iniziare ad arrotondare puoi pensare di trasformare l'esperienza su Instagram in una vera e propria entrata mensile regolare. Il consiglio che posso darti è di provare e riprovare, magari cambiando profilo, cambiando argomento, o magari creando vari profili in diverse nicchie per vedere cosa funziona di più. Devi sperimentare e trovare la tua strada. Non arrenderti alle prime difficoltà se qualcosa all'inizio non va come dovrebbe. Questo manuale è un punto di partenza, non di arrivo, contiene vari spunti, tecniche e metodologie che per loro natura sono in continua evoluzione, perciò l'ultimo consiglio che ti do è di studiare e approfondire ogni singolo argomento restando costantemente aggiornato.

La perseveranza è la chiave per la riuscita dell'impresa, che unita a un po di creatività, ambizione e ossessione potrà condurti verso il successo.

Che tu creda di farcela o non farcela, avrai comunque ragione. – **Henry Ford**

Copyright © 2019 Michael J. Cabertletti
Tutti i diritti riservati.

Photocredit: Unsplash.com

Graphic Design: A. S. Cerina

www.ingramcontent.com/pod-product-compliance
Lightning Source LLC
Chambersburg PA
CBHW021448210526
45463CB00002B/687